essentials

essentials liefern aktuelles Wissen in konzentrierter Form. Die Essenz dessen, worauf es als „State-of-the-Art" in der gegenwärtigen Fachdiskussion oder in der Praxis ankommt. *essentials* informieren schnell, unkompliziert und verständlich

- als Einführung in ein aktuelles Thema aus Ihrem Fachgebiet
- als Einstieg in ein für Sie noch unbekanntes Themenfeld
- als Einblick, um zum Thema mitreden zu können

Die Bücher in elektronischer und gedruckter Form bringen das Expertenwissen von Springer-Fachautoren kompakt zur Darstellung. Sie sind besonders für die Nutzung als eBook auf Tablet-PCs, eBook-Readern und Smartphones geeignet. *essentials:* Wissensbausteine aus den Wirtschafts-, Sozial- und Geisteswissenschaften, aus Technik und Naturwissenschaften sowie aus Medizin, Psychologie und Gesundheitsberufen. Von renommierten Autoren aller Springer-Verlagsmarken.

Weitere Bände in der Reihe http://www.springer.com/series/13088

Hans-Christian Brauweiler

Risikomanagement in Unternehmen

Ein grundlegender Überblick für die Management-Praxis

2., erweiterte und ergänzte Auflage

Hans-Christian Brauweiler
Lehrstuhl ABWL, Insbesondere
Betriebliches Rechnungswesen
und Interne Revision
Westsächsische Hochschule Zwickau
Zwickau, Deutschland

ISSN 2197-6708 ISSN 2197-6716 (electronic)
essentials
ISBN 978-3-658-23479-9 ISBN 978-3-658-23480-5 (eBook)
https://doi.org/10.1007/978-3-658-23480-5

Die Deutsche Nationalbibliothek verzeichnet diese Publikation in der Deutschen Nationalbibliografie; detaillierte bibliografische Daten sind im Internet über http://dnb.d-nb.de abrufbar.

Springer Gabler

Springer Gabler ist ein Imprint der eingetragenen Gesellschaft Springer Fachmedien Wiesbaden GmbH und ist ein Teil von Springer Nature
Die Anschrift der Gesellschaft ist: Abraham-Lincoln-Str. 46, 65189 Wiesbaden, Germany

Was Sie in diesem *essential* finden können

- Eine Synoptische Darstellung des Risikomanagements.
- Betriebswirtschaftliche und juristische Gründe, die für die Einführung eines Risikomanagementsystems sprechen.
- Teilbereiche und Teilaufgaben, die ein adäquates Risikomanagementsystem beinhaltet.
- Was man unter einer Risikomatrix (Risk-Map) versteht.
- Die Weiterentwicklung der Risikomatrix (Risk-Map) zum Risikowürfel (Risk-Cube).
- Wie ein Risikomanagement-Handbuch aufgebaut sein sollte.

Vorwort zur 2. Auflage

Das Buch – wie auch die weiteren Beiträge des Autors zum Themenkomplex Risiko in der Reihe Springer-*Essentials* – ist sehr gut angenommen worden, was beweist, dass Risikomanagement in der Praxis einen immer breiteren Raum greift.

Auch in der akademischen Welt kommt es zu Weiterentwicklungen und Vertiefungen der Betrachtung des Risikomanagements. Daher ist diese 2. Auflage mit einigen Überarbeitungen entstanden. Insbesondere die hier neu eingeführte dritte Dimension von Risiken, die die Risiko-Matrix (Risk-Map) zum Risiko-Würfel (Risk-Cube) verändert (siehe Seite 11), der zeitliche bzw. dynamische Aspekt, ist von elementarer Wichtigkeit, wenn Unternehmen Risiken mit begrenzten Mitteln zielführend bekämpfen wollen. Dies ist wichtig, da Maßnahmen zur Abwehr oder Behandlung von Risiken in der Planung, Implementation sowie Wirkungsentfaltung auch einen gewissen Zeithorizont bis zur vollen Wirksamkeit benötigen. Eine Nichtbetrachtung oder Fehleinschätzung, welches Risiko zeitlich näher liegt oder sich schneller entwickelt, mit größerer Geschwindigkeit auf das Unternehmen zukommt, hätte für das Unternehmen daher weitreichende, ggf. sogar fatale Konsequenzen. Der Autor hat diese dritte Dimension im Rahmen seiner akademischen Lehre bereits vor einigen Jahren entwickelt, eingeführt und in vielen Lehrveranstaltungen vermittelt; nun ist es an der Zeit, die Erkenntnisse auch einem breiteren (Praxis-)Publikum nahezubringen.

Zwickau
August 2018

Prof. Dr. rer. pol. Dr. h.c. mult. Hans-Christian Brauweiler

Vorwort zur 1. Auflage

Risikomanagement wird aus verschiedenen Gründen immer bedeutsamer, die Beschäftigung mit diesem spannenden Thema somit für alle Ebenen der unternehmerischen Tätigkeit (alle Management-Ebenen wie auch alle Unternehmensgrößen und Rechtsformen) immer wichtiger. Zum einen nimmt der Wettbewerbsdruck zu und die Margen ab. In dieser Zange bleibt kaum noch Raum für die originäre Tragung von Risiken, sie müssen behandelt werden. Zum anderen nehmen aber auch die Regularien und Normen (gesetzlicher Art, aber auch unternehmensinterner Art [Compliance-Vorgaben]) ständig zu. Um sich arbeitsvertraglichen, zivilrechtlichen oder gar strafrechtlichen Konsequenzen nicht ausgesetzt zu sehen, ist ein gut aufgestelltes, adäquates Risikomanagement auf allen Managementebenen vonnöten. Das vorliegende *essential* vermittelt in kompakter, trotzdem ausführlicher Form das notwendige Hintergrundwissen zum Risikomanagement in Unternehmen.

Dieses Werk basiert in Teilen auf Lehrskripten, die der Autor als Professor für Controlling und Accounting im berufsbegleitenden Studium der AKAD Hochschule Leipzig und der AKAD University Stuttgart entwickelt und eingesetzt hat. Aufgrund des Einsatzes in der akademischen Lehre für Praktiker mit vielen beruflichen Hintergründen spiegelt sich eine hohe Praxisnähe und -relevanz wider. Des Weiteren wurden die aktuellen Entwicklungen der jüngsten Zeit aufgegriffen und einbezogen, während der Tätigkeit als Professor für Betriebliches Rechnungswesen und Interne Revision an der WHZ Westsächsischen Hochschule Zwickau wurden die Kapitel ständig überarbeitet und ergänzt.

Zwickau
November 2014

Prof. Dr. rer. pol. Dr. h.c. mult. Hans-Christian Brauweiler

Inhaltsverzeichnis

1 Grundlagen des Risikomanagements 1

2 Notwendigkeit eines Risikomanagementsystems 5

3 Das Risikomanagementsystem 7
- 3.1 Elemente und Aufbau 7
- 3.2 Risikomanagement-Handbuch 14
- 3.3 Risiko-Kommunikation 15
- 3.4 Die retrograde Methode der Risiko-Bewertung 17
- 3.5 Risikomanagement am Beispiel der Kreditwirtschaft 17
- 3.6 Basel II als Risikobegrenzung für Kreditinstitute 19

Literatur 27

Grundlagen des Risikomanagements

1

Risikomanagement ist die systematische Analyse, Bewertung, Behandlung und Steuerung von Unternehmensrisiken. Risikobehandlung (und als Synonym Risikohandhabung) wäre der Begriff, der den Umgang mit Risiken (vermeiden, versichern, verhandeln, durch Vertrag auf Partner verschieben), Maßnahmen (technischer, organisatorischer Art etc.) vorsieht und somit ein tragendes Element des Risikomanagements ist. Wenn die Risikobehandlung wunschgemäß und erfolgreich verlaufen ist, spricht man von Risikobewältigung. Das Risikomanagement ist darauf ausgerichtet, kritische Situationen im Rahmen der Unternehmenstätigkeiten frühzeitig zu erkennen, zu vermeiden oder zu reduzieren bzw. alternativ die Wirkung der Risiken zu minimieren. Durch die Vermeidung und Verminderung, das Herbeiführen der Planbarkeit und Steuerbarkeit von kritischen Situationen kann ein Unternehmen unvorhersehbare Risiken meistern. Damit ist ein gut durchdachtes und funktionstüchtig aufgebautes Risikomanagement gleichfalls ein Frühwarnsystem für die Unternehmensleitung (Baetge und Jerschenksky 1999, S. 175). Hierdurch können bei eintretenden Risiken rechtzeitig entsprechende Gegenmaßnahmen eingeleitet werden, die dann noch eine entsprechende und gewünschte (Gegen-)Wirkung entfalten können. Teilweise wird in der Literatur bzw. auch in der Praxis das Risikomanagement als Bestandteil, teilweise als Synonym zu einem Internen Kontrollsystem (IKS) bezeichnet, der Autor sieht ein Risikomanagement als wichtigen Bestandteil eines IKS an.

Das Wesen unternehmerischen Handelns ist das Nutzen von Chancen und – aufgrund von Unwägbarkeiten der zukünftigen Umweltbedingungen – auch das Eingehen von Risiken. Die unternehmerische Tätigkeit ist somit nicht risikolos möglich, der sachgerechte Umgang mit Risiken, ihre Minderung, Vermeidung oder gar Wandlung in neue Chancen als bester Variante sind damit Notwendigkeiten in der Strategie wie auch in der operativen Tätigkeit von Unternehmen und

H.-C. Brauweiler, *Risikomanagement in Unternehmen*, essentials,
https://doi.org/10.1007/978-3-658-23480-5_1

gehören zu den zentralen Erfolgs- und Überlebensfaktoren. Das aktive Management der bestehenden Chancen und Risiken gilt als Grundlage und Voraussetzung für die Zukunftsfähigkeit eines Unternehmens und ist ein hauptsächlicher determinierender Faktor für den künftigen Unternehmenswert bzw. auch -gewinn.

Hieraus lassen sich nun die *Zielsetzungen und Beweggründe* für die Etablierung eines Risikomanagementsystems in einem Unternehmen benennen:

- Die Verbesserung planungs- und steuerungsrelevanter Informationen, Informationssysteme und -prozesse;
- verbesserte Abläufe bei internen (Innenrevision, interne Audits) und externen (Wirtschaftsprüfer, Betriebsprüfer, externe Audits, Zertifizierungen, ggf. Kunden- und Lieferanten- sowie je nach Branche [Finanzdienstleistungen, Telekommunikations-Netzbetreiber, Pharmaindustrie usw.] auch staatl. Aufsichts- bzw. Regulierungsbehörden) Prüfprozessen;
- einhalten aller gesetzlichen Normen (z. B. AktG, KonTraG, Corporate Governance Codex, ggf. Sarbanes-Oxley-Act [SOX], Richtlinie 2006/43/EG bzw. Richtlinie 2008/30/EG [sog. „EURO-SOX“] usw.);
- die Unterstützung der Entwicklung eines adäquaten, d. h. hohen Risiko- und Risikokostenbewusstseins bei den Beschäftigten;
- die Erhöhung der Transparenz von Ausmaß und Wirkung von externen und internen Einflussgrößen;
- die Schaffung eines bewussten Umgangs mit Risiko und Risikofaktoren (d. h. einer Risikokultur);
- die Definition des Risikoappetits mit der Festlegung des vernünftigen und tragbaren Risikos/Risikowirkung/Risikoausmaßes;
- die Entwicklung eines funktionsfähigen Frühwarnsystems für alle wesentlichen Risiken;
- das frühzeitige Erkennen und Identifizieren chancen- und risikorelevanter Tendenzen und Entwicklungen;
- die konsequente und regelmäßige Analyse, Bewertung und zielgerichtete Behandlung von Risiken;
- die kontinuierliche Senkung der Risikokosten, z. B. niedrigere Versicherungsprämien;
- die Verbesserung der Kreditwürdigkeit bzw. des Ratings (gleichbedeutend mit Senkung des Ausfall- oder Insolvenzrisikos) und damit Senkung der Kapitalkosten bzw. Erhöhung des möglichen Finanzierungsvolumens;
- die Unterstützung der Organisation bei der Implementierung von Recovery-Szenarien als Basis eines Business Continuity Managements;
- die zu vertiefende Integration in die strategische und operative Unternehmensplanung und das -controlling.

Ausgehend von der Vision und Mission sowie basierend auf der Unternehmensphilosophie und -strategie werden die Motive und die Richtung der *Risikostrategie* definiert. Diese umfasst auch Überlegungen bzw. Festlegungen zum sog. Risikoappetit sowie auch zur Risikotragfähigkeit (auch Risikokapazität) des Unternehmens. Als Risikoappetit wird das bewusste Eingehen und der Umgang mit Risiken innerhalb der festgelegten Grenzen der Risikokapazität bezeichnet. Dies dient der Erreichung der strategischen Ziele des Unternehmens. Bei der Festlegung des Risikoappetits als Teil der Risikostrategie müssen alle wesentlichen Einzelrisiken Berücksichtigung finden. Als kurze Definition des Risikoappetits wird die Motivation eines Unternehmens, Risiken einzugehen, genannt.

Die Verantwortung zur Umsetzung der Risikostrategie liegt beim Risikomanagement. In der Regel liegt das Hauptaugenmerk der Risikostrategie eines Unternehmens auf der Absicherung der leistungswirtschaftlichen, der finanziellen, der ertrags- und wertorientierten sowie der sozialen Unternehmensziele. Juristische, steuerliche und andere Aspekte dürfen dabei aber nicht vernachlässigt werden.

Die Risikostrategie des Unternehmens dient dazu, das Umfeld und die Rahmenbedingungen, in den das *Risikomanagementsystem* eingepasst, etabliert und umgesetzt wird, zu beschreiben und festzulegen. Die Unternehmensleitung definiert, in Absprache mit der in aller Regel auf höchster Ebene angesiedelten Leitung des Risikomanagements, Ziele und Verantwortlichkeiten für die nachgeordneten Bereiche. Darüber hinaus wird das Risikocontrolling und -reporting etabliert sowie das Risikomanagement in die strategischen Entscheidungsprozesse integriert.

Notwendigkeit eines Risikomanagementsystems

2

Ein funktionsfähig installiertes Risikomanagementsystem dient dazu, nicht nur ad hoc erscheinende, unerwartete Risiken (z. B. starke [Öl-]Preisschwankungen aufgrund globaler Ereignisse wie Krieg, Wirtschaftssanktionen etc.) in für das Unternehmen bestmöglicher Art und Weise kurzfristig zu behandeln und deren Wirkungen zu minimieren oder auszugleichen. Es garantiert vielmehr auch eine ständige Überwachung und Bewertung der für das Unternehmen vorab identifizierten Risikobereiche (z. B. Währungsrisiken in den Haupthandelswährungen, politische Situation und Entwicklung in instabilen Handelspartner-Staaten, bspw. in Nah-Ost).

Der nachhaltige Fortbestand eines Unternehmens sowie der strategische Erfolg hängen davon ab, wie das Management des Unternehmens auf Risiken vorbereitet ist und diesen kurzfristig, ohne Verzögerung und schnell mit ausreichenden Ressourcen und angemessenem Wirkungspotenzial begegnet. Unabhängig davon, ob man die Diskussion über den Gewinn, den Unternehmenswert oder andere Kennzahlen führt oder weitere Erfolgsmaßstäbe heranzieht – Risiken und Chancen sind miteinander verknüpft. Es gilt daher, ein ausgewogenes Verhältnis unter Nutzung und Mehrung der Chancen sowie mit Minderung oder Absicherung der Risiken zu erzielen. Dies ist Aufgabe des Risikomanagements (Bodenmann 2005).

Außer der betriebswirtschaftlichen Notwendigkeit für ein Unternehmen, Risiken zu erkennen und zu vermeiden gibt es auch *gesetzliche Auflagen und Anforderungen* (Hölscher et al. 2006, S. 150–151). In Deutschland existieren zahlreiche Regelungen, die natürlich teilweise auch von EU–Recht beeinflusst und/oder initiiert wurden. Generell gelten die tradierten Gesetze Aktiengesetz, GmbH-Gesetz und Handelsgesetzbuch, in die aber immer wieder verschärfte Anforderungen implementiert wurden (Krystek und Müller 1999, S. 178). Zusätzlich sind ggf. branchenspezifische Normen zu beachten, die sehr oft ihre Wirkung über die jeweilige Branche hinaus durch Vertragsbeziehungen entfalten können.

H.-C. Brauweiler, *Risikomanagement in Unternehmen,* essentials,
https://doi.org/10.1007/978-3-658-23480-5_2

Als Beispiel für branchenbezogene Normen, die über die Branche hinaus auf die Vertragspartner wirken, seien hier das Kreditwesengesetz (KWG) und die Regelungen zu den Basel-Abkommen genannt (vorrangig wirkt hier Basel II auf andere Branchen aus, aber auch Basel III entfaltet eine gewisse Fremdwirkung, die über die Kreditinstitute hinausgeht). Grundsätzlich unterliegen diesen Normen lediglich Banken, Kreditinstitute und Finanzintermediäre. Diese sind aber verpflichtet, sich die wirtschaftlichen Verhältnisse, insbesondere die Jahresabschlüsse, von Kreditnehmern offenlegen zu lassen (§ 18 KWG) und die Kreditnehmer in Risikoklassen (bei Unternehmen Ratingstufen gem. Basel II, bei Privatkunden das sog. Scoring, welches ein ganz analoges Verfahren zum Rating ist) einzuteilen.

Für beides benötigt die Bank die Kooperation und das Wohlwollen des Kreditantragstellers, der so zum wichtigsten Informationslieferanten der Bank wird. Dies lässt sich die Bank vertraglich zusichern und verknüpft damit auch Sanktionen, sodass der Kreditnehmer die gesetzlichen Verpflichtungen der Bankbranche einhalten muss, auch ohne in dieser Branche tätig zu sein.

Weitere Beispiele für Regelungen, die auf die Bankbranche zutreffen, sind die sogenannten „Mindestanforderungen“ für

1. das Handelsgeschäft (mit Wertpapieren)
2. das Kreditgeschäft
3. die interne Revision in Banken und
4. das Risikomanagement in Kreditinstituten.

Obwohl diese Regelungen z. T. schon lange vor der Subprime-Krise (die 2007 begann und über die allgemeine Finanzkrise in die Bankenkrise und die Krise der südeuropäischen Staatsverschuldung überging) in Kraft waren, haben sie diese nicht verhindern können. An dieser Stelle wollen wir nicht darüber spekulieren, ob die Wirkungen ohne die Regelungen noch heftiger ausgefallen wären.

Weitere, das Risikomanagement betreffende gesetzliche Regelungen finden sich im Handelsgesetzbuch (HGB). Eine Generalklausel steht im Aktiengesetz (vgl. § 91 AktG) und auch das GmbH-Gesetz (GmbHG) beinhaltet einige Regelungen zum Risikomanagement (Martin und Bär 2002). Diese sind aber i. d. R. schwächer ausgeprägt als die Regelungen, die für Aktiengesellschaften gelten. Es gibt aber juristische Auslegungen, die dahin tendieren, dass auch für Gesellschaften mbH ein „ordentlicher und gewissenhafter Geschäftsführer“ ein entsprechendes Risikomanagement aufbaut und nutzt.

Das Risikomanagementsystem 3

3.1 Elemente und Aufbau

Traditionelle systematische sowie unsystematische Methoden, ein Unternehmen zu lenken, sind häufig tendenziell vergangenheitsorientiert, d. h. sie arbeiten mit „Erfahrungswerten“ (oft auch beschrieben als „unternehmerische Intuition“ [oder, gerade im Mittelstand: „Bauchgefühl“]). Sie stellen genauso wie die reaktiven Steuerungssysteme – in erster Linie ist hier an die Kosten- und Leistungsrechnung und das operative Controlling zu denken – keinen Bezug zu *künftigen* Risiken her und sind nicht in der Lage, auf diese Risiken adäquat und proaktiv einzugehen. Diese Risiken sind zu erfassen, zu analysieren und bewerten, zu kategorisieren sowie zu minimieren oder eliminieren (Kromschröder und Lück 1998, S. 1577).

Eine durchgängige, systematische und strukturierte Analyse, Zusammenstellung, Behandlung und Beobachtung sämtlicher potenzieller Risiken erfolgt in der Unternehmenspraxis i. d. R. nicht. Meist werden singulär (insbes. im Rahmen von Investitionsentscheidungen) *einzelne* Risiken betrachtet. Dagegen verfolgt das Risikomanagement systematisch und nachhaltig die Aufgabe, *alle* aktuellen und zukünftigen potenziellen Risiken zu erheben, nachzuverfolgen und zu behandeln. Die Unterteilung der Arbeitsschritte wird in Abb. 3.1 wiedergegeben.

Hierzu wird bei der Etablierung eines Risikomanagementsystems für jedes identifizierte und unternehmerisch bedeutsame Risiko festgelegt, wie das Monitoring und die Steuerung durchgeführt werden muss. Für die potenziellen bzw. erkannten Risiken werden Indikatoren und Überwachungszyklen sowie Berichtsinhalte und -wege mit entsprechenden Warnschwellen und Verantwortlichkeiten festgelegt. Diese *Berichterstattung* über die Risiken sowie insbesondere die Darstellung von ggf. nicht erreichten, vorher definierten Zielgrößen der Risikovermeidung ist von wesentlicher Bedeutung für die Funktionsfähigkeit und Verlässlichkeit des gesamten Systems (Friedrich 2000, S. 2625).

H.-C. Brauweiler, *Risikomanagement in Unternehmen,* essentials,
https://doi.org/10.1007/978-3-658-23480-5_3

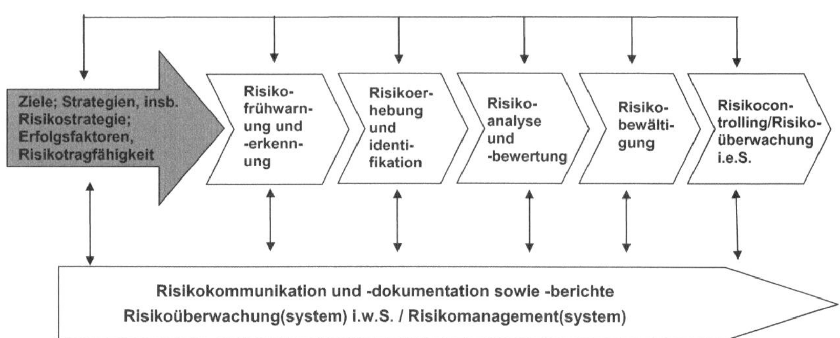

Abb. 3.1 Elemente des Risikomanagementprozesses. (Quelle: in Anlehnung an Brauweiler, H.-Ch.; Brauweiler, J.: Risk- u. Claimmanagement, Stuttgart, 2014, S. 4)

Das Risikomanagement muss also ein *geeignetes Berichtswesen* mit Regelberichten sowie ad-hoc-Berichten entwickeln. In den Regelberichten sind in festen Zeitabständen zum einen zusammenfassend das gesamte Risikoinventar darzustellen sowie zum anderen auf einzelne wesentliche Risiken sowie deren Veränderungen zum Vorbericht einzugehen. Durch ad-hoc-Berichte wird sichergestellt, dass bei Eilbedürftigkeit förmliche Berichtsstrukturen und -wege parallelisiert sind. Damit wird Zeitverzug in der Datenübermittlung überwunden sowie institutionalisierte Kommunikationswege und Periodizitäten der Berichterstattung verkürzt.

Die Erfassung der bestehenden Risiken erfolgt systematisch, ebenso ihre Darstellung. Hierbei werden sie auch bereits in ihre Klassifizierungen unterteilt. Den Überblick bezüglich der identifizierten Risiken nimmt man in einem ersten Schritt in einem Risikoinventar oder einem sogenannten *Risikoportfolio* vor, welches auch als Risk Map bezeichnet wird. Das Risikoportfolio gehört zum Standardrepertoire des strategischen Risikomanagements und entspricht den aus anderen Bereichen des strategischen Controllings bekannten Portfolio-Methoden. Durch das Portfolio werden die Risiken übersichtlich und anschaulich mit Betonung auf der Dringlichkeit des Handlungsbedarfs abgebildet (Gleißner und Romeike 2005).

Die Darstellung und Priorisierung wird unter Verwendung der beiden Dimensionen *Eintrittswahrscheinlichkeit* und *Schadenspotenzial* vorgenommen. Üblicherweise wird in einfachen Risikomanagementsystemen einem Vier-Felder-Portfolio verwendet, um den Zusammenhang mit dem Risikoportfolio, welches mind. in einer 9-Felder-Darstellung erstellt wird, klar darzustellen, wird hier beispielhaft eine 9-Felder-Risk-Map abgebildet, vgl. Abb. 3.2.

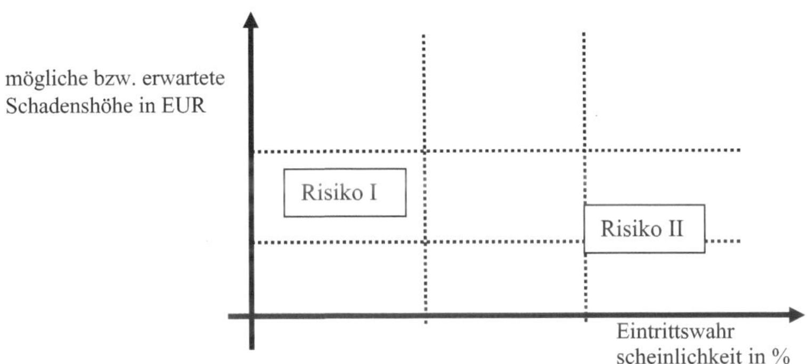

Abb. 3.2 Beispielhafte Darstellung einer Risk Map. (Quelle: Eigene Darstellung)

Eine detailliertere und spezifischere Betrachtung unter Einbindung von vordefinierten Regelprozessen bezüglich erkannter und bewerteter Risikopotenziale findet in erweiterten Risikomatrizen statt. Diese werden in größeren Unternehmen, die mehr inhaltliche sowie zeitliche und personelle Ressourcen bereitstellen können, wollen oder aufgrund gesetzlicher Vorgaben müssen, angewendet. So wird in einer recht einfachen Weiterentwicklung eine Neun-Felder-Matrix abgeleitet, vgl. Abb. 3.3.

In der bisherigen Darstellung in der Literatur wird immer auf die oben abgebildete zweidimensionale Darstellung von Risiken rekurriert. Um in einem Risikomanagement aber die Bedrohung eines Risikos objektiv sowie in Relation zu anderen, um Sicherheitsmaßnahmen konkurrierende Risiken einschätzen und einordnen zu können, ist eine weitere Dimension notwendig. Diese Dimension umfasst den zeitlichen Aspekt und hat zwei Ausprägungen, die kombiniert werden können bzw. zur Vereinfachung der Darstellung müssen. Es handelt sich um die (vermutete) zeitliche Nähe bis zum Eintritt des Risikoereignisses und vor allem die eingeschätzte Entwicklungs-Geschwindigkeit des Ereignisses. Es ist ganz offensichtlich, dass ein weiter entfernt liegendes, sich langsam entwickelndes Risiko einen geringeren Stellenwert in der Bekämpfung haben sollte als ein ungefähr gleich weit entferntes aber sich wesentlich dynamischer bewegendes Risiko. Diese Überlegungen müssen bei der Risikobetrachtung und -bewertung sowie der Maßnahmenentwicklung unbedingt einbezogen werden. Dies führt dann zu der dreidimensionalen Darstellung im Risiko-Würfel in Abb. 3.4.

Jedes Unternehmen sollte in der Kopfspalte die Geldbeträge definieren, ab denen ein Risiko als behandlungsbedürftig oder gar existenzgefährdend gilt. Ebenso sollten die Standardwerte der Eintrittswahrscheinlichkeiten unternehmensbezogen

Erwartungswerte und Normstrategien		Eintrittswahrscheinlichkeit		
		Gering, z.B. <30%	Mittel, z.B. 30-85%	Hoch, z.B. >85%
Schadens-höhe in EUR	Niedrig (vernachlässig-bar)	Akzeptieren	Akzeptieren und überwachen	Überwachung und Controlling Risiko II
	Mittel (behandlungs-bedürftig)	Akzeptieren und überwachen Risiko I	Überwachung und Controlling	Überwachung, Controlling und Management
	Hoch (existenz-gefährdend)	Überwachung und Controlling	Überwachung, Controlling und Management	Ausgedehntes Risikomanage-ment

Abb. 3.3 Beispielhafte Risiko-Matrix. (Quelle: Eigene Darstellung)

überprüft und ggf. verändert werden. Auch die dritte Dimension ist vom Unternehmen hinsichtlich der Skalierung, was „schnelle Entwicklung“ und „zeitliche Nähe“ bedeutet, individuell festzulegen.

Größere Unternehmen oder Unternehmen, die generell eine differenziertere Betrachtung der Risiken wünschen oder für notwendig erachten, können auch eine 4*4-Felder Matrix bzw. in der hier vorgeschlagenen Weiterentwicklung einen 4*4*4 Blöcke umfassenden Würfel aufstellen. Hierdurch ist eine noch bessere Feinsteuerung der Normstrategien möglich. Auch können auf diese Weise bestimmte Risikorelevanzen noch einfacher mit bestimmten Hierarchiestufen bzw. Managementebenen des Unternehmens verknüpft werden.

Im Rahmen von zyklischen Überarbeitungen der Unternehmensstrategie und damit zusammenhängend der Risikostrategie sollten auch die Grenzwerte bzw. die Normstrategien auf den Prüfstand gestellt werden.

Ein relevanter Aspekt, der am Anfang der Definition eines Risikomanagementsystems definiert werden muss, liegt in der *Risikotragfähigkeit* des Unternehmens. Hierbei geht es darum, den Punkt zu ermitteln bzw. festzulegen, bis zu dem Risiken durch das Unternehmen getragen werden können, ohne dass sie überwälzt werden müssen (z. B. durch Vertragsklauseln auf den Geschäftspartner oder Versicherungen) und ohne dass es zu die Existenz gefährdende Ereignissen

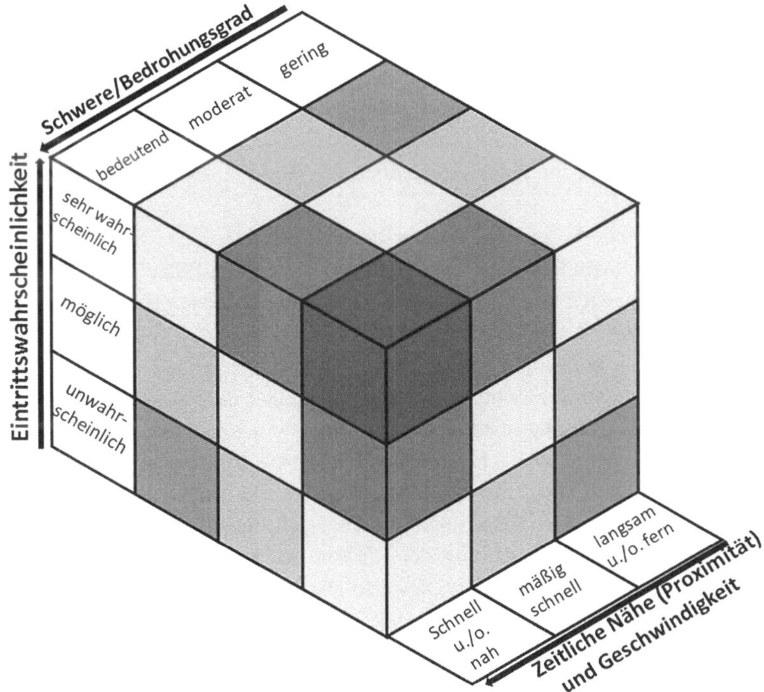

Abb. 3.4 Weiterentwickelte dreidimensionale Risiko-Matrix: Grad des Risikos. (Quelle: Eigene Darstellung)

kommt. Die *Risikotragfähigkeitsanalyse* ist die Gegenüberstellung der für das Unternehmen als wesentlich und potenziell ermittelten Risiken einerseits sowie des *Risikodeckungspotenzials* andererseits. Das Risikodeckungspotenzial besteht aus dem Eigenkapital (incl. potenziellem Gewinn) bzw. dem Anteil des Eigenkapitals, den die Gesellschafter bereit sind, im Krisenfall „zu opfern". In diesem Zusammenhang muss natürlich auch die notwendige Ermittlung des Gesamtrisikoumfangs vorgenommen werden.

Die Erhebung und Analyse der Möglichkeiten der Tragung von Einzelrisiken sowie der Gesamtsumme der Risiken (Risikotragfähigkeitsanalyse) ist bedeutend, um zu überprüfen, ob die unternehmerische Verfassung (z. B. vorhandenes Eigenkapital, ggf. zuzüglich Nachschusspflichten von Gesellschaftern, vertragliche Verpflichtungen, Begünstigungen usw.) ausreichend ist, um den potenziellen

Risikoumfang mit den möglichen Schäden tatsächlich zu tragen (Gleißner 2001, S. 129). Erst dadurch ist der dauerhafte Fortbestand des Unternehmens gewährleistet. Sollte der festgestellte Risikoumfang gemessen an der Risikotragfähigkeit des Unternehmens zu hoch sein, sind weitere Maßnahmen der Risikobewältigung (Risikoeliminierung, Risikoreduzierung, Risikoüberwälzung) notwendig. Als letztes Mittel ist eine Aufgabe eines Geschäftsfeldes (Produktsegment, geographischer Markt o. ä.) zu prüfen.

Die genaue Kenntnis der Eintrittswahrscheinlichkeit, Größenordnung, Wirkungsrichtung und Geschwindigkeit sowie Interdependenzen von Einzelrisiken ist für ein Unternehmen deswegen von hoher Relevanz, weil nur so diejenigen Aktivitäten des Risikomanagements bzw. -controllings ausgewählt, priorisiert und umgesetzt werden können, die das bestmögliche Ergebnis erwarten lassen.

Maßnahmen, deren Stoßrichtung darauf ausgerichtet ist, Risiken zu eliminieren, zu reduzieren oder einzudämmen sowie ggf. Teil- oder Restrisiken zu transferieren oder selbst zu tragen können als *Risikobewältigung* bzw. Risikosteuerung zusammengefasst werden. Die Risikosteuerung umfasst somit alle Mechanismen und Aktivitäten zur Beeinflussung der Risikosituation dergestalt, dass die Risikostrategie, d. h. die Eliminierung bzw. Minimierung der Risiken und somit die Bestandssicherung des Unternehmens sichergestellt ist. Dies erfolgt entweder durch eine Beeinflussung der Eintrittswahrscheinlichkeit und/oder des Schadensausmaßes der Risiken.

Grundsätzlich ist in aktive und passive *Maßnahmen der Risikosteuerung* zu differenzieren.

- Hierbei gestalten und beeinflussen *aktive Maßnahmen* die Risiken derart, dass das Risiko reduziert wird. Synonym wird auch der Begriff *„ursachenbezogene Maßnahmen"* verwendet.
- *Passive Maßnahmen* der Risikobewältigung beeinflussen die Risiken nicht direkt, lassen also die Eintrittswahrscheinlichkeit und das Schadensausmaß unverändert. Vielmehr zielen sie auf eine Verlagerung der finanziellen Wirkungen vom Unternehmen auf einen Vertragspartner, beispielsweise durch Versicherung oder eine andere Form der vertraglichen Haftungsverlagerung. Synonym wird auch der Begriff der *„wirkungsbezogenen Maßnahmen"* verwendet. Als weitere wichtige passive Maßnahme ist die Erhöhung der Risikotragfähigkeit zu nennen. Dies geschieht z. B. dann, wenn die Eigenkapitalbasis verbreitert wird, um einen neuen, riskanten Markt zu betreten, auf dem man aber trotz der erkannten Risiken unbedingt präsent sein will.

An erster Stelle – nach der Feststellung des Gesamtrisikopotenzials – stehen die ursachenbezogenen Maßnahmen, mit denen das Risiko verringert wird. In der Abfolge kann dann das Unternehmen durch wirkungsbezogene Strategieelemente Vorsorge für finanzielle Schäden bei Eintritt des Schadensfalles vornehmen. So kann beispielsweise Eigenkapital bereitgestellt werden, um entstehende Verluste aus auftretenden Risiken auszugleichen.

Ursachenbezogene Maßnahmen helfen Risiken zu vermeiden. Zum Beispiel kann eine risikoträchtige Sparte aufgegeben werden (etwa Ausstieg aus der Atomenergie) bzw. verändert werden (etwa Entwicklung neuer Technologien, die das Risikopotenzial der bisherigen Verfahren reduzieren). Vor allem sind aber auch technische und organisatorische Maßnahmen zu nennen. Zu erstem zählen z. B. ABS-Anlagen in LKW und Bussen, zu den organisatorischen Maßnahmen zählen z. B. Notfallplanungen.

Risiken können durch Streuung (Diversifikation) und Überwälzung begrenzt werden. Durch regionale, objektbezogene, zeitbezogen oder personenbezogene Streuung kann ein Risikoausgleich bei voneinander unabhängigen Risiken erfolgen, d. h. dass die Korrelation gleich Null ist. Der Effekt der Risikoverminderung durch Diversifikation erfolgt am besten, wenn die Ereignisse eine negative Korrelation haben.

- Werden Produktionsanlagen räumlich getrennt, so wird das Gesamtrisiko reduziert.
- Haftungsrisiken und -folgen können durch Allgemeine Geschäftsbedingungen ausgeschlossen, abgewälzt oder begrenzt werden.
- Durch die Ausgliederung von Unternehmensfunktionen, etwa Outsourcing und Leasing, können weitere Risiken reduziert werden.
- Finanzrisiken können durch Verkauf von Forderungen (echtes Factoring) reduziert werden.
- Marktpreis-, Zins- und Währungsrisiken können mithilfe von derivativen Finanzinstrumenten (Hedging) verringert werden.

Die Risikobewältigung verursacht natürlich auch Kosten. Diese müssen erhoben, bewertet und analysiert werden, um ein gesundes Verhältnis der Kosten zum Wert der Risikovermeidung zu garantieren. Die bei Aktivitäten und Maßnahmen der Risikobewältigung verursachten und zu berücksichtigenden Kosten setzen sich aus fünf verschiedenen Faktoren zusammen. Neben den internen und externen *Verwaltungskosten* für das Risiko- und Absicherungsmanagement können auch vorbeugende *Investitionskosten,* z. B. für Brandschutz, Umweltschutz usw. entstehen. Einen besonderen Posten bilden die *Kapitalkosten,* die für die

Bereithaltung finanzieller (Eigenkapital-) Mittel berechnet werden müssen. Sie gelten im Rahmen der Betrachtung der Risikotragfähigkeit als ausgleichende Wertgröße und Risikopuffer zur Tragung von Verlusten, ohne dass gleich die Insolvenz wegen Überschuldung beantragt werden müsste. Zusätzlich zu den genannten Positionen müssen die *Aufwendungen* für nicht versicherte und nicht abgewälzte entstandene *Schäden,* die also *selbst zu tragen* sind, berechnet werden. Und als weitere Position sind die gezahlten *Prämien für Absicherungsmaßnahmen* (z. B. Versicherungsprämien, aber auch Kosten für den Einsatz von derivativen [Risikosteuerungs-] Instrumenten [Hedging an den Finanzmärkten] usw.) in die Kalkulation einzubeziehen.

3.2 Risikomanagement-Handbuch

Insbesondere Unternehmen, die gesetzlich verpflichtet sind, ein Risikomanagement zu etablieren, haben diesbezüglich eine explizite Dokumentationspflicht. Aber auch bei einem auf freiwilliger Basis aufgebautem Risikomanagement oder aus organisatorischen Überlegungen heraus ist die Aufstellung eines Risikomanagementhandbuches und die detaillierte Beschreibung aller etablierten Prozesse im Risikomanagement ein wichtiger Aspekt. So können die Prozesse für jeden potenziellen Interessenten nachvollziehbar beschrieben werden. Als Interessenten sind zum einen betriebsinterne Personen zu sehen. Hier kommen neue Mitarbeiter in den Fachabteilungen ebenso wie die Kollegen der Internen Revision, darüber hinaus alle mit dem Risikomanagement beschäftigten Entscheider (Chief Risk Officer (CRO), Vorstand, Aufsichtsrat) als Adressaten infrage. Zusätzlich gibt es auch viele betriebsexterne Personengruppen, die fallweise ein spezifisches Interesse am Risikomanagement- und Kontrollsystem haben. Hier sind an die Wirtschaftsprüfer, die Prüfer von Fachaufsichtsbehörden (z. B. BaFin), finanzamtliche Betriebsprüfer bis hin zu staatsanwaltlichen Ermittlungsbehörden (Verstöße gegen Gesetze, z. B. Ausfuhrgesetzte, Korruption, Steuergesetze, Arbeitsschutzgesetze usw.) zu denken.

Die in der gesetzlichen (u. U. auch strafrechtlichen) Haftung stehenden Personen können sich oft nur dann exculpieren, wenn eindeutig belegbar ist, dass alle möglichen Maßnahmen getroffen wurden, um Risiken auszuschließen und gesetzliche Bestimmungen einzuhalten (Hier ist eine deutliche Überschneidung zum Thema Compliance zu sehen).

Wie sollte nun ein Risikomanagement-Handbuch entwickelt werden, welche Überlegungen sind vorzunehmen? An erster Stelle ist zu überlegen, welche Themenkomplexe zu behandeln sind. Diese sind dann in eine logische Reihenfolge zu bringen, anhand derer sich ein fachkundiger Dritter ausreichenden Einblick in

Sinn, Zweck, Methoden und Abläufe des Risikomanagements einarbeiten kann. Dann ist der vorläufige Aufbau des Handbuches auf inhaltliche Bruchstellen oder fehlende Übergänge zu untersuchen: Welche Themen wurden übersehen, bisher nicht oder zu knapp berücksichtigt?

Der Aufbau muss so gestaltet sein, dass das Handbuch einem externen Prüfer (WP, je nach Branche auch Aufsichtsbehörde) sowie auch internen Personen (neue Mitarbeiter usw.) dazu dienen soll, logisch und vollständig das Risikomanagementsystem zu erkennen, verstehen, zu überprüfen bzw. danach zu handeln. Beispielhaft könnte ein allgemeiner Aufbau eines Risikomanagement-Handbuches die folgenden Kapitel beinhalten:

1. Strategie, Visionen und Ziele des Unternehmens sowie daraus abgeleitet die Risikostrategie, eine Risikokultur sowie die Ziele des Risikomanagements
2. Risikopolitische Grundsätze: Gesamtunternehmerische Einstellung zum Risiko, Risikotragfähigkeit
3. Grundsätze für Risiko(früh)erkennung bzw. -identifikation, Risikoanalyse und Risikobewertung sowie Risikokommunikation und -dokumentation
4. Begriffsdefinitionen (Risiko, Risikomaße) etc.
5. Risikostruktur sowie Risikofaktoren und -kategorien
6. Definition der Aufbauorganisation, beispielsweise eines institutionalisierten Bereichs Risiko-Management
7. Dokumentation von Risikoverantwortlichen und Maßnahmen incl. Berichtsrhythmus
8. Definition der Methoden und Instrumente
9. Definition des Risiko-Management-Prozesses
10. IT-Konzept für das Risiko-Managementsystem
11. Zusammenstellung der wesentlichen integrierten Kontrollen sowie der Aufgaben der internen Revision
12. Geltungsbereich, Inkrafttreten

3.3 Risiko-Kommunikation

Der Bereich der Risiko-Kommunikation und -Berichterstattung muss mit dem Problem der *asymmetrischen Informationsverteilung* umgehen und dieses lösen. Hierzu gehören Prozesse und Verantwortlichkeiten, damit die benötigten Daten und Informationen schnellstmöglich dorthin gelangen, wo sie gebraucht werden.

Für eine Strukturierung der Kommunikation sollte unterschieden werden, wie die Kommunikation erfolgen soll – schriftlich oder im Gespräch. Nach ihrer Art lässt sich die Kommunikation zudem differenzieren in die Vorsorgekommunikation, die Legitimationskommunikation und die Krisenkommunikation.

Wichtig ist auch die Dokumentationsfunktion, die Kommunikation allgemein hat. Je nach Empfänger können unterschiedliche Wesentlichkeitsgrenzen gelten, wobei *Schwellenwerte* als Auslöser für einen Ad-hoc-Bericht oder eine Meldung dienen.

Darüber hinaus gibt es auch noch *regelmäßiges Reporting* ohne dass zwingend Schwellenwerte überschritten werden. Die Schwellenwerte, auch Trigger genannt, können somit auch als Frühwarnindikatoren bezeichnet werden.

Die Darstellung des Liquiditätsrisikos muss nicht nur den Anforderungen der internen, sondern auch der der externen Empfänger genügen. Die Meldungen und Berichte müssen einen klaren Überblick verschaffen, unmissverständlich sein sowie die Daten auf wenige (absolute oder relative) Kennzahlen zusammenführen. Die Meldungen sollten dabei nicht nur Zahlen enthalten, sondern können sich sehr wohl auf die textliche Mitteilung beschränken, da sie auch nicht nur das Ergebnis einer Zahlenanalyse sein können, sondern das Ergebnis einer Einschätzung oder Meinung des Senders bezüglich der aktuellen Lage, der Zukunft oder sonstiger Prämissen in und außerhalb des Unternehmens.

Wichtig ist eine Dokumentation der Prozesse, der Limite, der Trigger, der Verantwortlichkeiten und der Meldewege. In der Umsetzung sollte die Kommunikation des Unternehmens mindestens *drei Ebenen* umfassen:

- Es sollte ein *Berichtswesen* geben, das technisch ausgereift und nach einem festgelegten Plan erstellt wird. Dabei wird es notwendig sein, Berichte und Informationen für bestimmte Risiken, wie z. B. die Planung der Liquidität in einer angespannten Finanzsituation ggf. mehrmals täglich zu verschicken.
- Es sollte *Treffen* geben, in denen die verschiedenen Unternehmensbereiche verschiedene Aspekte der Planung und des Risikos ansprechen können. Ferner sollte es Treffen zwischen den einzelnen Bereichen oder Abteilungen geben, um neue Entwicklungen zu besprechen. Der Informationsfluss zwischen Geschäftsleitung und Revision und Geschäftsleitung und Anteilseignern erfolgt formalisiert.
- Es muss einen *Plan* geben, der auf Marktverwerfungen oder Krisensituationen ausgerichtet ist. Darin muss enthalten sein, welche Entscheidungsträger benachrichtigt werden. Der Plan muss neben den tatsächlichen Informationswegen (Telefonnummern, Mailadressen) auch Informationen enthalten, welche Ad-hoc-Berichte zur Verfügung gestellt werden müssen, um eine zügige Entscheidungs- oder Lösungsfindung zu ermöglichen.

Aus den gewonnenen Erkenntnissen müssen an dieser Stelle die richtigen Schlüsse gezogen werden, um zwischen der Politik, dem Wollen und dem Ist, den tatsächlichen Gegebenheiten und Möglichkeiten eine Harmonie herzustellen.

3.4 Die retrograde Methode der Risiko-Bewertung

Während im Falle der bisher dargestellten, progressiven Methode der Risikoanalyse Risikoursachen festgestellt werden und daraufhin Risikoereignisse analysiert, eingeschätzt und bewertet werden, sucht die retrograde Methode nach möglichen Gefährdungen für das Unternehmen (d. h. für die Strategie, Struktur, Prozesse, [strategische] Geschäftsfelder, Ergebnisse usw.) durch das Risiko. Der Vorteil ist, dass ausgehend von der Unternehmensstrategie, den Geschäftsfeldern oder Prozessen, bei denen ein negativer Einfluss befürchtet wird, die Risikosuche zielgerichtet aufgrund von Inputfaktoren und deren potenzieller Risikobereitstellung ausgeführt werden kann.

Die grundsätzlichen Unterschiede der progressiven und der retrograden Methode werden in folgender Abb. 3.5 übersichtlich dargestellt.

3.5 Risikomanagement am Beispiel der Kreditwirtschaft

Risikomanagement ist eine Form der Unternehmensführung, die auf die Reduktion von Risiken abzielt. Risiken werden in diesem Zusammenhang als Informationsdefizite hinsichtlich der Zielerreichung verstanden. Risikomanagement vollzieht sich in den folgenden vier Phasen:

Abb. 3.5 Vergleichende Darstellung der progressiven und retrograden Methode. (Quelle: Eigene Darstellung)

1. Risikoerhebung und -identifikation,
2. Risikoanalyse und -bewertung,
3. Risikobewältigung und
4. Risikocontrolling.

Die Ursprünge des systematischen Risikomanagements liegen im Finanzwesen, insbesondere im Kreditwesen. Daher wird nun die Wirkungsweise des Risikomanagements am Beispiel des Risikomanagements in Banken vorgestellt.

Branchenfremde stellen sich unmittelbar die Frage, warum und wieso diese einschränkende Sichtweise vorgenommen wird bzw. warum am Beispiel von Banken. Wo liegt die Relevanz für andere Branchen wie z. B. die produzierende Industrie? Hierzu gibt es eine Vielzahl von Argumenten:

Die Finanzwelt ist das verbindende Element der Wirtschaft. Ohne Geld und Geldströme, ohne Eigen- und Fremdkapital, ohne Finanzintermediäre würde die Wirtschaft nicht so funktionieren und ablaufen, wie wir es täglich erleben. Der Sektor der Finanzdienstleistungen und Kreditinstitute ist am stärksten reglementiert und überwacht. Banken sind durch Gesetze und marktwirtschaftliche Wirkungsmechanismen gewissen und sehr engen Zwängen ausgesetzt, die sie teilweise aus objektiv nachvollziehbaren Gründen an ihre Kunden und Geschäftspartner weiterreichen müssen. Diese Zwänge beziehen sich naturgemäß auf die Vermeidung von Schieflagen und übermäßigen sowie unkontrollierbaren Risiken. Riskante Engagements müssen besonders überwacht und in letzter Konsequenz eliminiert werden. Einige der Regelungen (wie z. B. die Liquidität betreffend) sind in abgeschwächter Form durchaus auch für produzierende Unternehmen und Dienstleister aus anderen Branchen interessant und wichtig.

Das Kreditwesengesetz (KWG) und die Mindestanforderungen an das Risikomanagement von Kreditinstituten (MaRisk) sind spezielle Rechtsnormen, die nur für Banken gelten. Zusätzlich gelten für Banken Regelungen, wie sie auch für andere Unternehmen gelten, so auch das 1998 verabschiedete Gesetz zur Kontrolle und Transparenz im Unternehmensbereich – kurz *KonTraG*. Es handelt sich dabei um ein Artikelgesetz, das schwerpunktmäßig Regelungen im HGB und im AktG erweitert und präzisiert. Auch hier wird u. a. auf Liquiditätsrisiken abgestellt, weil diese nicht nur bei Banken auftreten können, sondern auch bei jedem anderen Unternehmen. Hauptanliegen des Gesetzes ist die Einführung eines Systems zur Bemessung der Risiken im Rahmen eines Frühwarnsystems (Krystek und Müller 1999; S. 180). Der Vorstand hat gem. § 91 Abs. 2 AktG geeignete Maßnahmen zu treffen, insbesondere ein Überwachungssystem einzurichten, damit die den Fortbestand der Aktiengesellschaft gefährdenden Entwicklungen früh erkannt werden.

Für GmbH gibt es eine derart explizite Regelung nicht, jedoch wird in der Gesetzesbegründung zum KonTraG hingewiesen, dass „für Gesellschaften mit beschränkter Haftung je nach ihrer Größe, Komplexität, ihrer Struktur usw. nichts anderes gilt". Damit hat der Gesetzgeber eine Ausstrahlungswirkung auf die Pflichten der Geschäftsführer von GmbH sowie auch anderer Gesellschaftsformen vorweggenommen. Durch die Bestimmung des§ 43 Abs. 1 GmbHG sind die Geschäftsführer einer GmbH zu einer allgemeinen gesetzlichen Sorgfaltspflichten angehalten, denn sie müssen in allen Angelegenheiten der Gesellschaft die Sorgfalt eines „ordentlichen Kaufmannes" anwenden.

Auch weitere Regelungen, die sich auf Unternehmen unterschiedlicher Branchen, Größen und Rechtsformen beziehen, befassen sich mit dem Liquiditätsrisiko. So enthalten die §§ 315 ff. HGB und §§ 325 ff. HGB Regelungen zum Konzernlagebericht und zur Offenlegung an die Stakeholder, die jeweils Darstellungen zum Liquiditätsrisiko einschließen. Und natürlich sind auch Steuerberater und Wirtschaftsprüfer in die Pflicht genommen worden: Das KonTraG ergänzte das HGB um § 317 Abs. 4 und § 321, wonach in die Prüfungsaufgaben der Abschlussprüfer ein aufzubauendes Prüfungssystem zwingend mit einzubeziehen ist. Des Weiteren wird auch die Berichterstattungspflicht neu und verstärkt geregelt.

3.6 Basel II als Risikobegrenzung für Kreditinstitute

Global hat sich gezeigt, dass in der Finanzwirtschaft ein angemessenes Risikomanagement notwendig ist (Stichworte: Lehmann Brothers, Merrill Lynch, IKB Deutsche Industriebank AG, Sachsen LB, Bayern LB, Northern Rock, Hypo Real Estate usw.). Die Umsetzung der 2. Säule von Basel II in deutsches Recht ist nach der Kodifizierung im Kreditwesengesetz (KWG) im Wesentlichen durch die Veröffentlichung der *Mindestanforderungen an das Risikomanagement von Kreditinstituten* (MaRisk) und durch die Novellierung der *Liquiditätsverordnung* abgeschlossen worden. Die Banken sind damit einerseits dazu gezwungen, nicht nur das Adressenausfallrisiko und die Marktrisiken sondern auch ihr Zinsänderungsrisiko sowie ihr Liquiditätsrisiko angemessen zu überwachen und zu steuern. Andererseits wird den Banken nun die Möglichkeit eröffnet, alle Risiken statt mit starren aufsichtsrechtlichen Regelungen mit einem eigenen Modell zu steuern.

Am Beispiel der Entwicklung von Basel I zu Basel II soll kurz verdeutlicht werden, inwiefern die Kreditinstitute sowohl durch die gesetzlichen Regelungen (sowohl Basel I als auch Basel II wurden jeweils im deutschen Kreditwesengesetz bzw. in anderen Ländern jeweils entsprechenden nationalen Gesetzen umgesetzt) als auch durch den Marktmechanismus risikoreiche Kreditengagements vermeiden, indem sie sie nicht (mehr) eingehen bzw. nicht verlängern:

Gemäß *Basel I* mussten Banken für jeden ausgereichten Euro-Kreditbetrag 8 % an haftendem Eigenkapital in der Bilanz verfügbar haben. Das bedeutete, dass z. B. eine Bank mit 100 Mio. Eigenkapital maximal das 12,5fache an Krediten ausreichen konnte, also 1,25 Mrd. (davon 8 % sind eben die o. g. 100 Mio. EK). Als Annahme gilt hier, dass die Bank ohne Probleme die Differenz von 1,15 Mrd. selbst als Fremdkapital bei Sparern, institutionellen Anlegern oder über die Börse aufnehmen konnte.

Durch *Basel II* wurde eine *Differenzierung nach der Ausfallwahrscheinlichkeit* der Kreditnehmer vorgenommen. Während die Kreditwürdigkeit den aktuellen (bzw. vergangenheitsorientierten) Status feststellt, zielt die Ausfallwahrscheinlichkeit auf die zukünftige Kreditwürdigkeit ab. Die Differenzierung sieht so aus, dass zu den 8 % aus Basel I ein risikoadäquates weiteres Gewicht von zwischen 20 % (bei Kunden der allerbesten Bonität, kenntlich gemacht z. B. durch die Rating-Note „AAA“) bis zu 150 % (bei Kunden mit zweifelhafter Kreditwürdigkeit bzw. hoher Ausfallwahrscheinlichkeit) angelegt wird. Damit müssen für sog. AAA-Kunden (sprich: Triple-A) nur 1,6 % der Kreditsumme als haftendes Eigenkapital bereitgehalten werden, für schlechtere Kunden (wobei dies teilweise schon für „noch nicht ganz so schlechte“ Einstufungen von BB gilt) 12 % des Eigenkapitals (Lohse und Brauweiler 2011, S. 47).

Zusätzlich zu diesem Effekt kommt es zu einer Spreizung der Konditionen, d. h., neben der Hinterlegung wird auch ein Risikoaufschlag für riskantere Kredite (zu interpretieren als Versicherungsprämie) fällig.

Wenn man sich nun das Bilanzbild und die Ertragssituation einer Bank zu Basel I und Basel II (hierbei in zwei extremen Varianten mit nur guten bzw. nur riskanten Kunden) ansieht, so ergibt sich das in Abb. 3.6 dargestellte Bild (vereinfachend wurde ein Anlagevermögen mit einem „Erinnerungswert“ angenommen).

Ausgehend von einem fiktiven Refinanzierungssatz von 3 % und einem den Kunden in Rechnung gestellten Zinssatz für die ausgereichten Darlehen i. H. v. 5 % sieht der Zinsbeitrag zur GuV durch die Marge von 2 Prozentpunkten wie in Abb. 3.7 dargestellt aus.

Basel II teilt nun die Kreditnehmer durch das Ratingverfahren in sog. „gute“ und „schlechte“ Kunden ein, wobei die „Guten“ ein geringes Ausfallrisiko mit sich bringen, wohingegen die „Schlechten“ Problemfälle sind oder aller Wahrscheinlichkeit nach werden könnten. Die Kreditinstitute stehen nun vor der Wahl, ihre strategische Ausrichtung der Kundenportfolios vorzunehmen, wobei es zwei Wirkungen der Basel-Regularien gibt: Die eine Wirkung zielt auf die Bilanzsumme, die andere auf den Ertrag bzw. Gewinnbeitrag. Beide Kennzahlen sind

Aktiva		Passiva	
AV	1	Eigenkapital	100
UV	1250	Fremdkapital	1151
– Ausgereichte Kredite 1250			
Bilanzsumme	**1251**	**Bilanzsumme**	**1251**

Abb. 3.6 Vereinfachtes Bilanzbild einer Bank unter Basel I

Aufwand		Ertrag	
Refinanzierungskosten	37,5	Zinsertrag	62,5
Gewinn(beitrag)	**25,0**		
	62,5		62,5

Abb. 3.7 Zugehöriges vereinfachtes Ertragsbild der Bank unter Basel I

von relativ hoher Bedeutung. So ist die Bilanzsumme eine der drei Kennziffern der Größenklasseneinteilung gem. § 267 HGB. Dass der Gewinnbeitrag wichtig ist, ist selbsterklärend.

In der Praxis scheint es so, als ob Größe ein alles entscheidendes positives Kriterium sei (siehe Zusammenschluss Commerzbank – Dresdner Bank, Gegenbeispiel: Wiederaufspalten von DaimlerChrysler). Daher werden Banken versuchen, beide Kennzahlen, d. h. die Bilanzsumme wie auch den Gewinnbeitrag, zu maximieren. Grundsätzlich bietet sich die Überlegung an, durch den Risikozuschlag höhere Zinserträge mit schlechten Kunden zu generieren und damit den Gewinnbeitrag zu steigern. Wir müssen uns daher im Folgenden anschauen, ob diese Strategie aufgehen könnte.

Betrachten wir als erstes, wie die Basel II-Regelung der 12 %igen Eigenkapitalhinterlegung sich auf die potenziellen Kreditvolumina der Bank auswirken. Wenn man von einem gleich hohen Eigenkapital von 100 Mio. ausgeht, ergibt sich ein maximal zu vergebendes Kreditvolumen von 833 Mio., damit bei einem 150 %igen Hinterlegungssatz von 8 % der Kreditsumme (eben den o.g. 12 %) die 100 Mio. ausreichen (vgl. Abb. 3.8).

Eine Bank mit zweifelhaften und u. U. nicht werthaltigen Engagements im Kreditportfolio wird sich selbst nur zu einem höheren Refinanzierungssatz

Aktiva		Passiva	
AV	1	Eigenkapital	100
UV	833	Fremdkapital	734
– Ausgereichte Kredite 833			
Bilanzsumme	834	Bilanzsumme	834

Abb. 3.8 Vereinfachtes Bilanzbild einer Bank unter Basel II mit einem risikoreichen Portfolio an Kreditnehmern (Werte gerundet)

Fremdkapital beschaffen können, da das höhere Risiko der Kreditnehmer sozusagen auf die Bank „abfärbt". Daher muss hier von einem durchschnittlichen Refinanzierungssatz von 3,5 % ausgegangen werden. Natürlich wird die Bank diesen mit einem weiteren Aufschlag an die Kunden weitergeben und für die ausgereichten Darlehen einen Zinssatz i. H. v. 6 % in Rechnung stellen, woraus sich eine Marge von 2,5 Prozentpunkten ergibt. Soweit scheint der Gewinnbeitrag tatsächlich höher auszufallen.

Allerdings müssen wir bedenken, dass der absolute Gewinn nicht von der Margenhöhe abhängt, sondern von der Marge multipliziert mit dem Kreditvolumen. Dadurch ergibt sich das in Abb. 3.9 dargestellte Bild, welches in beiden wichtigen Kennzahlen die Bank mit einem Portfolio an risikoreichen Kunden im Basel II-System schlechter stellt als bei der vorherigen Basel-I-Regelung.

Unter Basel II kann die Bank nun aber auch eine Strategie mit der Auslese der Besten fahren. Wenn sich die Bank auf möglichst sehr gute Kunden mit einer ganz geringen Ausfallwahrscheinlichkeit spezialisiert, würde das folgende Situation erlauben:

Die Bank braucht ausgereichte Kreditvolumina nur mit 1,6 % an haftendem Eigenkapital zu hinterlegen, woraus sich ein Faktor von 62,5 ergibt. Folglich kann die Bank – auch hier wieder vorausgesetzt, dass die Refinanzierung problemlos

Aufwand		Ertrag	
Refinanzierungskosten	29,2	Zinsertrag	50,0
Gewinn(beitrag)	**20,8**		
	50,0		50,0

Abb. 3.9 Zugehöriges vereinfachtes Ertragsbild der Bank mit risikoreichem Portfolio (Werte gerundet)

möglich ist, was sie bei sehr guten Kunden im Portfolio sein sollte – Kredite von 6,25 Mrd. aufgrund der 100 Mio. Eigenkapital ausreichen (vgl. Abb. 3.10).

Basel II wurde u. a. mit dem Argument, dass die guten Kunden schlechte Kunden subventionieren eingeführt. Dies würde bedeuten, dass die Kredite für gute Kunden preiswerter werden. Durch die Spreizung des Kreditzinssatzes aufgrund der Marktkräfte und des Risikoaufschlags sieht nicht nur das Bilanzbild der beiden Portfolio-Varianten unterschiedlich aus, sondern auch die Ertragsseite ist somit differenziert darzustellen.

Im Falle eines bonitätsmäßig nicht zweifelhaften Portfolios wird von einem fiktiven Refinanzierungssatz von 3 % und einem den Kunden in Rechnung gestellten Zinssatz für die ausgereichten Darlehen i. H. v. 4 % ausgegangen, d. h. die Marge beträgt 1 Prozentpunkt. Trotzdem ist der Gewinnbeitrag des Kreditgeschäfts aufgrund des hohen Volumens deutlich höher als bei den anderen Varianten (vgl. Abb. 3.11).

Somit ist klar, in welche Richtung das Risikomanagement in Banken geht: Ausgrenzung von Kunden schlechter Bonität, wobei dieser Begriff relativ ist. Eine Bank, die als schlechteste Kunden keine D- und auch keine C-Kunden mehr

Aktiva		Passiva	
AV	1	Eigenkapital	100
UV	6250	Fremdkapital	6151
– Ausgereichte Kredite 6250			
Bilanzsumme	6251	Bilanzsumme	6251

Abb. 3.10 Vereinfachtes Bilanzbild einer Bank unter Basel II mit einem risikoarmen Portfolio an Kreditnehmern

Aufwand		Ertrag	
Refinanzierungskosten	187,5	Zinsertrag	250,0
Gewinn(beitrag)	**62,5**		
	250,0		250,0

Abb. 3.11 Zugehöriges vereinfachtes Ertragsbild der Bank mit risikoarmem Portfolio

hat, wird dann die BBB–Kunden und anschließend die BB-Kunden aus dem Portfolio drängen, um ihre Refinanzierungskosten zu senken, um ihre Marge und den Gewinnbeitrag zu erhöhen. Dieses marktkonforme sowie markt- und regelungsinduzierte Verhalten der Banken schlägt auf die Kunden durch, die damit vor dem Risiko stehen, entweder gar keine Kredite mehr zu erhalten oder nur zu höheren Konditionen. Eine Verbesserung des Ratings durch ein aktives Risikomanagement sowie weitere Maßnahmen muss daher für Unternehmen ein zentraler Punkt des strategischen Controllings sein. Ein funktionsfähiges Risikomanagement wird durch eine bessere Punktzahl beim Rating honoriert werden.

Durch diese Ausführungen ist deutlich geworden, dass Banken bezüglich des Risikos des Kreditportfolios zu Mitteln greifen werden, die zu einer Auslese innerhalb der Portfolios führen werden. Die Tages- und Wirtschaftspresse berichtete auch schon verschiedentlich über Banken und Sparkassen, die Kreditverträge, bei welchen sich Probleme (Zahlungsrückstände) zeigten, an Finanzinvestoren en bloc verkauft haben, um ihre Risikostruktur zu bereinigen.

Wenn eine relativ hohe Zahl an Kreditnehmern die Zins- und Tilgungsleistungen nicht erbringen können, so wirkt sich dies nicht nur auf das Risiko der Bank selbst aus, sondern auch auf deren Liquidität. Eine adäquate Steuerung der Liquidität sowie die Risikovermeidung in diesem Segment gehören somit auch zur gesamtheitlichen Betrachtung der Risikostruktur von Kreditinstituten. Hierzu gehört ebenfalls die Beachtung der Mindestanforderungen an das Risikomanagement – kurz MaRisk. Die MaRisk fordern einen integrierten Ansatz der wesentlichen Risiken, zu denen auch Liquiditätsrisiken gehören, abgebildet in einem Konzept zur Berechnung der Risikotragfähigkeit. Es sollen auch Wechselwirkungen der Risiken untereinander mit in die Überlegungen einbezogen werden.

Im Dezember 2010 hat der Baseler Ausschuss für Bankenaufsicht der Bank für Internationalen Zahlungsausgleich neue Regelungen für die Finanzwirtschaft (sog. Basel III-Abkommen) herausgegeben, die geänderte, d. h. verschärfte Eigenkapital- und Liquiditätsanforderungen beinhalten und seit 2014 stufenweise eingeführt wurden. Die grundsätzlichen Betrachtungen und Wirkungen, die oben dargestellt wurden, haben weiterhin Gültigkeit. Des Weiteren wurde zusätzlich ein Verschuldungsmaß (so genanntes Leverage Ratio) sowie Gegenmaßnahmen gegen die viel kritisierten pro-zyklischen Effekte der bisherigen Basel-Abkommen eingeführt. Das Regelwerk ist sehr komplex, weil es umfassend und auf hoher Ebene Einfluss auf Banken nimmt, die z. T. die Regelungen nur mittelfristig umsetzen konnten bzw. können. Dies berücksichtigt das Basel-III-Abkommen mit Stufenplänen und bestimmten Fristenregelungen. Basel III führt zu einer Verstärkung der Durchgriffswirkung der Banken-Regelung auf die Kunden der Banken, d. h. die Unternehmen. Die Weiterentwicklung zu Basel IV ist mittlerweile auch schon begonnen worden.

Was Sie aus diesem *essential* mitnehmen können

- Eine grundlegende Darstellung der Ziele und Potenziale eines Risikomanagementsystems.
- Eine Abfolge der Arbeitsschritte, Elemente und Inhalte, die ein Risikomanagementsystem enthalten muss.
- Wie Sie eine Risk-Map und Risk-Matrix sowie den Risk-Cube aufbauen und bewerten.
- Maßnahmen der Risikosteuerung zu definieren und entwickeln.
- Detaillierte Hilfestellung bei der Gliederung und beim Aufbau eines Risikomanagement-Handbuches.
- Wie Banken Risikosteuerung vornehmen und warum auch andere Unternehmen diese Wirkung kennen sollten.

H.-C. Brauweiler, *Risikomanagement in Unternehmen*, essentials,
https://doi.org/10.1007/978-3-658-23480-5

Literatur

Baetge, Jörg, und Andreas Jerschenksky. 1999. Frühwarnsysteme als Instrument eines effizienten Risikomanagement und -Controlling. *Controlling* 10 (4/5): 171–176.

Bodenmann, Jan Marc. 2005. *Unternehmenssteuerung und -überwachung: Beitrag von Risikomanagement, interner und externer Revision zu einer effektiven Corporate Governance.* St. Gallen.

Brauweiler, Hans-Christian. 2017. Internal Audit in a multinational perspective; Wroclaw University of Economics, conference proceedings, 2nd International Research Symposium: "Global Challenges of Management Control and Reporting", Wroclaw, S. 25–32.

Brauweiler, Hans-Christian. 2012. Sustainability in economics: The corporate charter for sustainable development. In Polytechnic Institute of the Tajic Technical University named after Hrsg. Khujand M. Osimi, Conference proceedings "Factors of a sustainable Development of the Economy", 20/21 April 2012, Dushanbe-Khujand, S. 95–100.

Brauweiler, Hans-Christian. 2009. Corporate Governance in der Subprime-Krise. *io new management, Zürich* 04 (2009): 8–11.

Brauweiler, Hans-Christian, und Jana Brauweiler. 2014. *Risk- und Claimmanagement*, 2. Aufl. Stuttgart: AKAD.

Brauweiler, Hans-Christian, Zirkler, Bernd. 2018. Risk management – Theoretical basis, comparison and impact in a globalized economy, KAFU Kazakh American Free University, Ust Kamenogorsk, Conference Proceedings, September 2018.

Brühwiler, Bruno. 2016. *Risikomanagement als Führungsaufgabe*. Bern: Haupt.

Denk, Robert, Karin Exner-Merkelt, und Raoul Ruthner. 2008. *Corporate Risk Management – Unternehmensweites Risikomanagement.* Wien: Linde.

Diederichs, Marc. 2012. *Risikomanagement und Risikocontrolling*. München: Vahlen.

Dörner, Dietrich, Peter Horváth, und Henning Kagermann, Hrsg. 2000. *Praxis des Risikomanagements*. Stuttgart: Schäffer-Poeschel.

Frank, Romeike. 2000. KonTraG – Gesetzlich verordnetes Risk Management durch das Gesetz zur Kontrolle und Transparenz im Unternehmensbereich? *Risknews* 07 (2000): 1–6.

Frank, Romeike, und Robert Finke. 2003. *Erfolgsfaktor Risikomanagement – Chance für Industrie und Handel*. Wiesbaden: Gabler.

H.-C. Brauweiler, *Risikomanagement in Unternehmen*, essentials,
https://doi.org/10.1007/978-3-658-23480-5

Freidank, Carl-Christian. 2003. Risikomanagement und Risikocontrolling in Industrieunternehmen. In *Controlling-Konzepte. Neue Strategien und Werkzeuge für die Unternehmenspraxis*, Hrsg. Carl-Christian Freidank und Elmar Mayer, 595–631. Wiesbaden: Gabler.

Freidank, Carl-Christian. 2004. Paetzmann Karsten Bedeutung des Controlling im Rahmen der Reformbestrebungen zur Verbesserung der Corporate Governance. In *Corporate Governance und Controlling*, Hrsg. Carl-Christian Freidank, 1–24. Heidelberg: Physica.

Gieschen, Gerhard. 2003. *Wie junge Unternehmen Krisen bewältigen können*. Berlin: Cornelsen.

Gleißner, Werner. 2001. Identifikation, Messung und Aggregation von Risiken. In *Wertorientiertes Risikomanagement für Industrie und Handel*, Hrsg. Werner Gleißner, 125 ff. Wiesbaden: Gabler.

Gleißner, Werner. 2011. *Grundlagen des Risikomanagement im Unternehmen*. München: Vahlen.

Gleißner, Werner, und Frank Romeike. 2005. *Risikomanagement – Umsetzung, Werkzeuge, Risikobewertung*. Freiburg i. Br.: Haufe.

Hahn, K., S. C. Weber, J. Friedrich. 2000. Ausgestaltung eines Risikomanagementsystems. BB 55 (2000), H. 51/52: 2620 ff.

Hölscher, Reinhold, und Stefan Giebel. 2006. Karrenbauer, Ulrike Stand und Entwicklungstendenzen des industriellen Risikomanagements. *ZRFG (Zeitschrift für Risk, Fraud & Governance)* 4 (2006): 149–154.

Horváth, Peter, und Ronald Gleich. 2001. Controlling als Teil des Risikomanagements. In *Praxis des Risikomanagements*, Hrsg. Dietrich Dörner, Péter Horváth, und Henning Kagermann, 99–126. Stuttgart: Schäffer-Poeschel.

Kromschröder, Bernhard, und Wolfgang Lück. 1998. Grundsätze risikoorientierter Unternehmensüberwachung. *Der Betrieb* 51 (1998): 1573–1579.

Krystek, Ulrich, und Michael Müller. 1999. Frühaufklärungssysteme – Spezielle Informationssysteme zur Erfüllung der Risiko-kontrollpflicht nach KonTraG. *Controlling* 4/5 (1999): 177–183.

Lenz, Alexander Wertorientierte. 2004. *Risikofrüherkennung und ihre Überwachung durch den Aufsichtsrat*. Frankfurt a. M.: Lang.

Lohse, Günther, und Hans-Christian Brauweiler. 2011. *Betriebswirtschaftslehre – Finanzierung III: Finanzplanung und Basel II*. Stuttgart: AKAD-Lehrheft.

Lück, Wolfgang. 1999. Elemente eines Risikomanagementsystems – Die Notwendigkeit eines Risikomanagementsystems durch den Entwurf eines Gesetzes zur Kontrolle und Transparenz im Unternehmensbereich (KonTraG). *Der Betrieb* 51 (1998): 8–14.

Lück, Wolfgang, und Michael Henke. 2003. Risiko-Controlling in Wachstumsunternehmen. In *Controlling von jungen Unternehmen*, Hrsg. Kristin Achleitner und Bassen Alexander. Stuttgart: Schäffer-Pöschel.

Martin, Thomas A., und Thomas Bär. 2002. *Grundzüge des Risikomanagements nach KonTraG – Das Risikomanagementsystem zur Krisenfrüherkennung nach § 91 Abs. 2 AktG*. München: Oldenbourg.

Reichmann, Thomas, und H. J. Richter. 1999. Integriertes Chancen- und Risikomanagement mit der Balanced Chance und Risk-Card auf Basis eines mehrdimensionalen Informationsversorgungskonzeptes. *zfbf* 47 (2001): 177–206.

Ruda, Walter, und Elke Leonhardt-Jacob. 2005. *Unternehmensplanung und Risikomanagement*. Zweibrücken: Hochschuldruck.

Schewe, Gerhard. 2005. *Unternehmensverfassung: Corporate Governance im Spannungsfeld von Leitung, Kontrolle und Interessenvertretung*. Berlin: Springer.

Winter, Heike. 2004. *Risikomanagement und effektive Corporate Governance – Das Spannungsfeld von wertorientierter Unternehmenssteuerung und externer Rechnungslegung*. Wiesbaden: Gabler.